ທິວຂອງຂ້ອຍ

ໂດຍ ສົມສະໝຸດ ທອງດ
ຮູບໂດຍ ຈອນ ໂຣເບີດ ອາຊຸເຮໂລ

Library For All Ltd.

ອິງການ Library For All ແມ່ນອົງການທີ່ບໍ່ຫວັງຜົນກຳໄລ ທີ່ມີພັນທະກິດທີ່ຈະເຮັດໃຫ້ທຸກຄົນ
ສາມາດເຂົ້າເຖິງແຫຼ່ງຄວາມຮູ້ ຜ່ານບະອັດຕະກຳຫ້ອງສະໝຸດດິຈິຕອນ.
ເຂົ້າເບິ່ງລາຍລະອຽດເພີ່ມເຕີມທີ່: libraryforall.org

ຫົວຂອງຂ້ອຍ

ພິມຄັ້ງທຳອິດ 2021

ຈັດພິມໂດຍ: ອິງການ Library For All
ອີເມວ: info@libraryforall.org
URL: libraryforall.org

ປຶ້ມເຫຼັ້ມນີ້ ຖຶກສະໜັບສະໜູນໂດຍ ໂຄງການເພື່ອການຮ່ວມມືການສຶກສາ (Education Cooperation
Program).

ຮູບແຕ້ມຕົ້ນສະບັບໂດຍ ຈອນ ໂຣເບີດ ອາຊຸເຮໂລ

ຫົວຂອງຂ້ອຍ
ສົມສະໝຸດ ທອງດີ
ISBN: 978-9932-00-381-5
SKU02616

ທ້າວຂາງຂ້ອຍ

ຂ້ອຍມີ ໓໑.

ຂ້ອຍມີ ດັງ.

ຂ້ອຍມີ ປາກ.

ຂ້ອຍມີ ຫູ.

ຂ້ອຍມີ ຜິມ.

ຂ້ອຍມີ ຖົ້ວ.

ຂ້ອຍມີ ຂົນຕາ.

ຂ້ອຍມີ ແລ້ວ.

ຂ້ອຍມີ ໝ້າຜາກ.

ຂ້ອຍມີ ແກ້ມ.

ຂ້ອຍມີ ຖາງ.

ນີ້ຄື ທົວຂອງຂ້ອຍ.

ຂໍ້ມູນທາງບັນນາບຸລິມຂອງຫໍສະໝຸດແຫ່ງຊາດ

ສົມສະໝຸດ ທອງດີ
ຫົວຂອງຂ້ອຍ / ໂດຍ ສົມສະໝຸດ ທອງດີ. -- ວຽງຈັນ, 2021
25 ໜ້າ : ພາບປະກອບສີ ; 21 ຊມ
1. ວັນນະກຳສຳລັບເດັກ
I. ຊື່ເລື່ອງ
808.068 -- dc21
ເລກທະບຽນພິມຈຳໜ່າຍ: ຕາມໜບ138ວພຈ 23082021
ISBN 978-9932-00-381-5

ເຈົ້າສາມາດໃຊ້ຄຳຖາມດັ່ງລຸ່ມນີ້ເພື່ອ ສົນທະນາກ່ຽວກັບເລື່ອງທີ່ອ່ານກັບ ຄອບຄົວ, ໝູ່ ແລະ ຄູອາຈານ.

ເຈົ້າໄດ້ຮຽນຮູ້ຫຍັງຈາກເລື່ອງນີ້?

ຈົ່ງອະທິບາຍເລື່ອງນີ້ ໂດຍໃຊ້ຄຳບັບຍາຍ
1ຄຳ. ຕະຫຼົກ? ຢ້ານ? ມິສິສັນ? ໜ້າສົນໃຈ?

ເມື່ອອ່ານຈົບແລ້ວ,
ເລື່ອງນີ້ໃຫ້ຄວາມຮູ້ສຶກຫຍັງແດ່?

ໃນເລື່ອງນີ້, ເຈົ້າມັກສ່ວງໃດຫຼາຍທີ່ສຸດ?

ກ່ຽວກັບຜູ້ປະກອບສ່ວນ

Library For All ເຮັດວຽກຮ່ວມມືກັບນັກຂຽນ ແລະ ນັກແຕ້ມ
ທົ່ວ ໂລກເພື່ອສ້າງເລື່ອງທີ່ຫຼາກຫຼາຍ, ມີຄຸນນະພາບສູງໃຫ້ກັບຜູ້
ອ່ານໂຕນ້ອຍ. ທຸກຄົນສາມາດເຂົ້າໄປ ເວັບໄຊ libraryforall.org
ເພື່ອຮູ້ຂາວຫຼ້າສຸດ ກ່ຽວກັບກິດຈະກຳຝຶກອົບຮົມນັກຂຽນ, ຄູ່ມືຕ່າງໆ ແລະ
ໂອກາດສ້າງສັນອື່ນໆ.

ປຶ້ມທໍວນີ້ມ່ອນບໍ?

ພວກເຮົາມີປຶ້ມຫຼາຍຮ້ອຍທໍວໃຫ້ເລືອກອ່ານ.

ພວກເຮົາຮ່ວມມືກັບນັກຂຽນ, ຊ່ຽວຊານດ້ານການສຶກສາ, ທີ່ປຶກສາທາງດ້ານວັດທະນະທຳ, ລັດຖະບານ ແລະ ອົງກອນທີ່ບໍ່ຂຶ້ນກັບລັດຖະບານ ເພື່ອນຳຄວາມເພີດເພີນ ໃນການ ອ່ານໃຫ້ກັບເດັກນ້ອຍທໍວທຸກແຫ່ງ.

ຮູ້ບໍ?

ພວກເຮົາສ້າງການປ່ຽນແປງທີ່ດີໃນຊີວງເຂດນີ້ ໂດຍປະຕິບັດ ເປົ້າໝາຍ ການພັດທະນາແບບຍືນຍົງຂອງສະຫະປະຊາຊາດ.

libraryforall.org